國學小書坊

弟子規

風車圖書
WINDMILL

讀(ㄉㄨˊ)聖(ㄕㄥˋ)賢(ㄒㄧㄢˊ)書(ㄕㄨ)

立(ㄌㄧˋ)君(ㄐㄩㄣ)子(ㄗˇ)品(ㄆㄧㄣˇ)

做(ㄗㄨㄛˋ)有(ㄧㄡˇ)德(ㄉㄜˊ)人(ㄖㄣˊ)

國學小書坊

弟子規

寫給家長的話

　　隨著人們對學齡前教育的重視，專家認為有必要為幼兒編選一套國學啟蒙讀物。展現在您面前的這套「國學小書坊」，就是我們基於這一考慮而新推出的一套小書。

　　這套書共包括《三字經》、《弟子規》、《讀唐詩》、《學成語》、《千字文》、《讀論語》六種啟蒙讀物，都是廣大家長朋友所喜聞樂見的經典作品，對孩子的心智成長和性格形成具有非常正面的意義，歷來為傳統家庭教育所重視。我們在組織編寫過程中，著力保證了圖書內容的準確性，並盡可能提供了注音、注釋和譯文，以方便您輔導孩子學習。考慮到小讀者的閱讀習慣，我們為書籍配製了精美彩圖，以增加閱讀趣味。

原 文

◎總 敘

弟子規　聖人訓
首孝悌　次謹信
汎愛眾　而親仁
有餘力　則學文

注釋

訓：教導、教誨。
悌：敬愛兄長為悌。
信：言語真實、誠實。

《弟子規》這本書是依據孔子的教誨編成的，其中提出了許多生活規範。在日常生活中，首先要做到孝順父母，友愛兄弟姊妹。其次，言語行為要小心謹慎，誠實無欺。和大眾相處時要平等博愛，並且親近有仁德的人，向他們學習。如果這些事情都做到以後，還有多餘的時間、精力，就應該好好的學習典籍，以獲取有益的學問。

原 文

◎入則孝

父ㄈㄨˋ母ㄇㄨˇ呼ㄏㄨ　　應ㄧㄥ勿ㄨˋ緩ㄏㄨㄢˇ

父ㄈㄨˋ母ㄇㄨˇ命ㄇㄧㄥ　行ㄒㄧㄥˊ勿ㄨˋ懶ㄌㄢˇ

父ㄈㄨˋ母ㄇㄨˇ教ㄐㄧㄠ　須ㄒㄩ敬ㄐㄧㄥ聽ㄊㄧㄥ

父ㄈㄨˋ母ㄇㄨˇ責ㄗㄜˊ　須ㄒㄩ順ㄕㄨㄣˋ承ㄔㄥ

注 釋

應：應答。
命：指派、差遣。
承：接受、承受。

　　父母呼喚，要及時回答，不要慢吞吞的過了很久才應答；父母差遣，要立刻去做，不可拖延或偷懶；父母教導，應該恭敬的聆聽；父母批評，應當順從的接受。

原　文

冬（ㄉㄨㄥ）則（ㄗㄜˊ）溫（ㄨㄣ）　　夏（ㄒㄧㄚˋ）則（ㄗㄜˊ）清（ㄐㄧㄥ）

晨（ㄔㄣˊ）則（ㄗㄜˊ）省（ㄒㄧㄥˇ）　　昏（ㄏㄨㄣ）則（ㄗㄜˊ）定（ㄉㄧㄥˋ）

出（ㄔㄨ）必（ㄅㄧˋ）告（ㄍㄠˋ）　　反（ㄈㄢˇ）必（ㄅㄧˋ）面（ㄇㄧㄢˋ）

居（ㄐㄩ）有（ㄧㄡˇ）常（ㄔㄤˊ）　　業（ㄧㄝˋ）無（ㄨˊ）變（ㄅㄧㄢˋ）

注釋

清：冷、涼。
省：問候、探望。
反：同「返」，回來。

　　侍奉父母要用心體貼，漢代的黃香為了讓父親安心睡眠，夏天睡前會幫父親把床鋪扇涼，冬天睡前會為父親溫暖被窩，實在值得我們學習。早晨起床之後，應該先探望父母，並向父母請安問好。下午回家之後，要將今天在外的情形告訴父母，向父母報平安，使父母親放心。外出離家時，須告訴父母要到哪裡去，回家後還要當面稟報父母自己回來了，讓父母安心。平時起居作息，要做到有規律，做事也要有規矩，不要任意改變，以免父母擔憂。

原　文

事ㄕ 雖ㄙㄨㄟ 小ㄒㄧㄠ　　勿ㄨˋ 擅ㄕㄢˋ 為ㄨㄟˊ

苟ㄍㄡˇ 擅ㄕㄢˋ 為ㄨㄟˊ　　子ㄗˇ 道ㄉㄠˋ 虧ㄎㄨㄟ

物ㄨˋ 雖ㄙㄨㄟ 小ㄒㄧㄠ　　勿ㄨˋ 私ㄙ 藏ㄘㄤˊ

苟ㄍㄡˇ 私ㄙ 藏ㄘㄤˊ　　親ㄑㄧㄣ 心ㄒㄧㄣ 傷ㄕㄤ

注　釋

為：做。
苟：假如。
虧：欠缺、短少。
親：父母。

雖然是小事，也不要擅自作主，而不向父母稟告。如果任性而為，一旦出錯，就有損為人子女的本分，讓父母擔心，這就是不孝的行為了。公物雖小，也不可以私自據為己有。如果私藏，品德就有了污點，父母知道了一定很傷心。

原文

親（ㄑㄧㄣ）所（ㄙㄨㄛˇ）好（ㄏㄠˋ）　力（ㄌㄧˋ）為（ㄨㄟˊ）具（ㄐㄩˋ）

親（ㄑㄧㄣ）所（ㄙㄨㄛˇ）惡（ㄨˋ）　謹（ㄐㄧㄣˇ）為（ㄨㄟˊ）去（ㄑㄩˋ）

身（ㄕㄣ）有（ㄧㄡˇ）傷（ㄕㄤ）　貽（ㄧˊ）親（ㄑㄧㄣ）憂（ㄧㄡ）

德（ㄉㄜˊ）有（ㄧㄡˇ）傷（ㄕㄤ）　貽（ㄧˊ）親（ㄑㄧㄣ）羞（ㄒㄧㄡ）

注釋

親：父母。	去：除去、去掉。
好：喜好。	貽：讓。
具：置辦、準備。	羞：感到羞辱。

　　父母所喜好的東西，應該盡力去準備；父母所厭惡的事物，要小心謹慎的去除（包括自己的壞習慣）。如果我們的身體受到傷害，會讓父母擔憂；如果我們的品德有了污點，會讓父母感到羞恥。

原　文

親（ㄑㄧㄣ）愛（ㄞˋ）我（ㄨㄛˇ）　孝（ㄒㄧㄠˋ）何（ㄏㄜˊ）難（ㄋㄢˊ）

親（ㄑㄧㄣ）憎（ㄗㄥ）我（ㄨㄛˇ）　孝（ㄒㄧㄠˋ）方（ㄈㄤ）賢（ㄒㄧㄢˊ）

親（ㄑㄧㄣ）有（ㄧㄡˇ）過（ㄍㄨㄛˋ）　諫（ㄐㄧㄢˋ）使（ㄕˇ）更（ㄍㄥ）

怡（ㄧˊ）吾（ㄨˊ）色（ㄙㄜˋ）　柔（ㄖㄡˊ）吾（ㄨˊ）聲（ㄕㄥ）

 注釋

方：才。	更：更改。
過：過錯。	怡：使……喜悅、快樂。
諫：用言語規勸尊長。	柔：使……柔和。

　　父母愛我，我孝敬父母，這並不是一件難事；如果父母不愛我，而我又能孝敬父母，這才是真正的大孝。如果父母有了過失，我們要勸其改過；勸的時候一定要和顏悅色，聲調柔和。

原　文

諫（ㄐㄧㄢ）不（ㄅㄨ）入（ㄖㄨ）　　悅（ㄩㄝ）復（ㄈㄨ）諫（ㄐㄧㄢ）

號（ㄏㄠ）泣（ㄑㄧ）隨（ㄙㄨㄟ）　　撻（ㄊㄚ）無（ㄨ）怨（ㄩㄢ）

親（ㄑㄧㄣ）有（ㄧㄡ）疾（ㄐㄧ）　　藥（ㄧㄠ）先（ㄒㄧㄢ）嘗（ㄔㄤ）

晝（ㄓㄡ）夜（ㄧㄝ）侍（ㄕ）　　不（ㄅㄨ）離（ㄌㄧ）床（ㄔㄨㄤ）

注釋

復：再。

撻：鞭打。

疾：病。

　　如果父母不接受規勸，也不要著急，等父母情緒好時再勸；如果父母還是不聽規勸，要哭泣著懇求他們改過。如果因此而遭父母鞭打，也不要怨恨父母。當父母生病的時候，父母所吃的藥自己要先嘗，並不分晝夜在父母的身邊照料，不離半步。

原　文

喪（ㄙㄤ）三（ㄙㄢ）年（ㄋㄧㄢ）　常（ㄔㄤ）悲（ㄅㄟ）咽（ㄧㄝ）

居（ㄐㄩ）處（ㄔㄨ）變（ㄅㄧㄢ）　酒（ㄐㄧㄡ）肉（ㄖㄡ）絕（ㄐㄩㄝ）

喪（ㄙㄤ）盡（ㄐㄧㄣ）禮（ㄌㄧ）　祭（ㄐㄧ）盡（ㄐㄧㄣ）誠（ㄔㄥ）

事（ㄕ）死（ㄙ）者（ㄓㄜ）　如（ㄖㄨ）事（ㄕ）生（ㄕㄥ）

注　釋

盡禮：盡，竭盡、盡力（符合）；禮，禮儀。
事：對待。

　　父母不幸去世，要守喪三年，守喪期間，要常常因為思念父母而傷心哭泣。在這段時間裡，自己住的地方要變得簡樸，並戒除喝酒、吃肉等生活享受。辦理父母的喪事要依照禮儀，祭祀時要盡到誠意。對待已經去世的父母，要像他們在世一樣恭敬。

原 文

◎出則悌

兄（ㄒㄩㄥ）道（ㄉㄠ）友（一ㄡ）　　弟（ㄉ一）道（ㄉㄠ）恭（ㄍㄨㄥ）

兄（ㄒㄩㄥ）弟（ㄉ一）睦（ㄇㄨ）　　孝（ㄒ一ㄠ）在（ㄗㄞ）中（ㄓㄨㄥ）

財（ㄘㄞ）物（ㄨ）輕（ㄑ一ㄥ）　　怨（ㄩㄢ）何（ㄏㄜ）生（ㄕㄥ）

言（一ㄢ）語（ㄩ）忍（ㄖㄣ）　　忿（ㄈㄣ）自（ㄗ）泯（ㄇ一ㄣ）

注釋

悌：敬愛兄長為悌。	忿：怒、怨恨。
道：途徑、方法。	泯：消失。
兄弟：兄弟姊妹。	

　　做兄長的要愛護弟弟，做弟弟的要尊敬兄長。兄弟和睦，這也是對父母的一種孝順。不愛財，就不會產生怨恨；說話時相互尊重、忍讓，隔閡、怨恨自然也就消失了。

原　文

或ㄏㄨㄛˋ飲ㄧㄣˇ食ㄕˊ　　或ㄏㄨㄛˋ坐ㄗㄨㄛˋ走ㄗㄡˇ

長ㄓㄤˇ者ㄓㄜˇ先ㄒㄧㄢ　　幼ㄧㄡˋ者ㄓㄜˇ後ㄏㄡˋ

長ㄓㄤˇ呼ㄏㄨ人ㄖㄣˊ　　即ㄐㄧˊ代ㄉㄞˋ叫ㄐㄧㄠˋ

人ㄖㄣˊ不ㄅㄨˋ在ㄗㄞˋ　　己ㄐㄧˇ即ㄐㄧˊ到ㄉㄠˋ

注釋

或：表示列舉。

　　不論吃飯、喝水，還是入座、行走，都要長者在先，幼者居後。長者叫人時，要立即代為呼叫；若所叫的人不在，自己要先代為聽命。

原　文

稱（ㄔㄥ）尊（ㄗㄨㄣ）長（ㄓㄤ）　　勿（ㄨ）呼（ㄏㄨ）名（ㄇㄧㄥ）

對（ㄉㄨㄟ）尊（ㄗㄨㄣ）長（ㄓㄤ）　　勿（ㄨ）見（ㄒㄧㄢ）能（ㄋㄥ）

路（ㄌㄨ）遇（ㄩ）長（ㄓㄤ）　　疾（ㄐㄧ）趨（ㄑㄩ）揖（ㄧ）

長（ㄓㄤ）無（ㄨ）言（ㄧㄢ）　　退（ㄊㄨㄟ）恭（ㄍㄨㄥ）立（ㄌㄧ）

注　釋

見：同「現」，表現。

疾：快速。

趨：禮貌性的小步快走，表示尊敬。

揖：拱手行禮。

稱呼尊長，不可以直呼其名。在尊長面前，要謙遜有禮，不可以吹噓、誇耀自己。路上遇見長輩，應快步向前問好。如果長輩沒跟自己說話，就恭敬退後，站立一旁，等待長輩離去。

原　文

騎ㄑㄧˊ下ㄒㄧㄚˋ馬ㄇㄚˇ　　乘ㄔㄥˊ下ㄒㄧㄚˋ車ㄔㄜ

過ㄍㄨㄛˋ猶ㄧㄡˊ待ㄉㄞˋ　　百ㄅㄞˇ步ㄅㄨˋ餘ㄩˊ

長ㄓㄤˇ者ㄓㄜˇ立ㄌㄧˋ　　幼ㄧㄡˋ勿ㄨˋ坐ㄗㄨㄛˋ

長ㄓㄤˇ者ㄓㄜˇ坐ㄗㄨㄛˋ　　命ㄇㄧㄥˋ乃ㄋㄞˇ坐ㄗㄨㄛˋ

注釋

過：走過去。	命：命令。
猶：還要。	乃：才。

　　如果騎馬趕路，遇到長輩就應該下馬；如果坐車行路，遇到長輩就應該下車，讓長輩先過去，等到他們離開我們大約百步之後，再上馬或上車。長者站著，幼者不可以坐；長輩坐定以後，吩咐你坐下才可以坐。

原　文

尊長前　聲要低

低不聞　卻非宜

進必趨　退必遲

問起對　視勿移

事諸父　如事父

事諸兄　如事兄

聞：使人聽到。　趨：快步向前。　對：回答。

事諸父：這裡的「父」是對男性長輩的通稱。

如事父：這裡的「父」指父親。

事諸兄：這裡的「兄」指同族的兄長。

如事兄：這裡的「兄」指同父母的兄長。

注釋

26

　　在尊長面前說話，聲音要低，但聲音太低讓人聽不清楚，也是不妥當的。有事要到尊長面前，應快步向前；告退時，動作稍慢一些才合乎禮節。尊長問話，要站起來禮貌作答，不可左顧右盼。

　　對待叔叔、伯伯等尊長，要像對待自己的父親一樣孝順恭敬；對待同族的兄長，要像對待自己的胞兄一樣友愛恭敬。

原 文

◎謹

朝起早　夜眠遲

老易至　惜此時

晨必盥　兼漱口

便溺回　輒淨手

注釋

盥：指洗臉、刷牙、漱口。
便溺：大小便。
輒：立即、就、便。

　　清晨要儘早起床，晚上要遲些才睡；人生的歲月有限，一定要珍惜每一寸光陰。早晨起床後，務必洗臉、刷牙、漱口。大、小便後，一定要洗手。

原　文

冠（ㄍㄨㄢ）必（ㄅㄧˋ）正（ㄓㄥˋ）　紐（ㄋㄧㄡˇ）必（ㄅㄧˋ）結（ㄐㄧㄝˊ）

襪（ㄨㄚˋ）與（ㄩˇ）履（ㄌㄩˇ）　俱（ㄐㄩ）緊（ㄐㄧㄣˇ）切（ㄑㄧㄝˋ）

置（ㄓˋ）冠（ㄍㄨㄢ）服（ㄈㄨˊ）　有（ㄧㄡˇ）定（ㄉㄧㄥˋ）位（ㄨㄟˋ）

勿（ㄨˋ）亂（ㄌㄨㄢˋ）頓（ㄉㄨㄣˋ）　致（ㄓˋ）汙（ㄨ）穢（ㄏㄨㄟˋ）

注釋

冠：帽子。	置：放置。
紐：衣服上可以扣繫的部分。	頓：放置。
履：鞋子。	

譯 文

帽子要戴端正，衣服紐扣要扣好，襪子要穿平整，鞋帶應繫緊。脫下來的衣、帽、鞋、襪都要放在固定位置，不要隨手亂丟亂放，以免弄皺、弄髒。

原　文

衣(一) 貴(ㄍㄨㄟ) 潔(ㄐㄧㄝ)　不(ㄅㄨ) 貴(ㄍㄨㄟ) 華(ㄏㄨㄚ)

上(ㄕㄤ) 循(ㄒㄩㄣ) 分(ㄈㄣ)　下(ㄒㄧㄚ) 稱(ㄔㄥ) 家(ㄐㄧㄚ)

對(ㄉㄨㄟ) 飲(ㄧㄣ) 食(ㄕ)　勿(ㄨ) 揀(ㄐㄧㄢ) 擇(ㄗㄜ)

食(ㄕ) 適(ㄕ) 可(ㄎㄜ)　勿(ㄨ) 過(ㄍㄨㄛ) 則(ㄗㄜ)

注　釋

貴：以……為貴。	分：等級、名分。
華：華麗。	稱：符合、相當。
循：依據、遵守。	則：界限。

　　穿衣服需注重整潔，不必講究衣服的昂貴華麗，既應考慮自己的身分及場合，也要符合家庭的經濟狀況。不要挑食、偏食；飲食要適可而止，不可吃得過飽。

原　文

年方少　　勿飲酒
飲酒醉　　最為醜
步從容　　立端正
揖深圓　　拜恭敬

注釋

深圓：行禮時把身子深深的躬下。

拜：古代一種表示敬意的禮節，這裡指問候、拜見。

年齡小的時候，不要飲酒；喝醉酒的樣子最難看。走路的時候步態要從容，站立的姿勢要端正，作揖行禮時要把身子躬下去，跪拜的時候要表現得恭敬。

原　文

勿ㄨ踐ㄐㄧㄢ閾ㄩ　　勿ㄨ跛ㄅㄛ倚ㄧ

勿ㄨ箕ㄐㄧ踞ㄐㄩ　　勿ㄨ搖ㄧㄠ髀ㄅㄧ

緩ㄏㄨㄢ揭ㄐㄧㄝ簾ㄌㄧㄢ　　勿ㄨ有ㄧㄡ聲ㄕㄥ

寬ㄎㄨㄢ轉ㄓㄨㄢ彎ㄨㄢ　　勿ㄨ觸ㄔㄨ棱ㄌㄥ

注釋

踐閾：踐，踩；閾，門檻。

跛倚：偏倚、站得不正。

箕踞：坐時兩腿前伸，形如箕，是一種傲慢無禮的表現。

髀：大腿。

棱：器物的棱角。

　　進門時不要踩到門檻，站立時不要身子歪曲斜倚，坐著時不要雙腿張得像簸箕，也不要抖腳或搖臀，因為那樣顯得輕浮不莊重。進門時掀門簾要輕，不要發出聲響。走路轉彎要把彎轉得大些，不要觸碰器物的棱角，以免受傷。

原　文

執（ㄓ）虛（ㄒㄩ）器（ㄑㄧ）　　如（ㄖㄨ）執（ㄓ）盈（ㄧㄥ）

入（ㄖㄨ）虛（ㄒㄩ）室（ㄕ）　　如（ㄖㄨ）有（ㄧㄡ）人（ㄖㄣ）

事（ㄕ）勿（ㄨ）忙（ㄇㄤ）　　忙（ㄇㄤ）多（ㄉㄨㄛ）錯（ㄘㄨㄛ）

勿（ㄨ）畏（ㄨㄟ）難（ㄋㄢ）　　勿（ㄨ）輕（ㄑㄧㄥ）略（ㄌㄩㄝ）

注釋

虛：空的。

盈：這裡指裝滿東西的器物。

輕略：輕慢、草率。

38

　　拿著空的器具，也要像裡面裝滿東西時一樣小心。進入無人的房間，也要像有人在一樣。做事情不可太匆忙，太匆忙則容易出錯。做事不要怕困難，做的即使是小事，也不能輕率隨便、敷衍了事。

原　文

鬥（ㄉㄡˋ）鬧（ㄋㄠˋ）場（ㄔㄤˇ）　絕（ㄐㄩㄝˊ）勿（ㄨˋ）近（ㄐㄧㄣˋ）

邪（ㄒㄧㄝˊ）僻（ㄆㄧˋ）事（ㄕˋ）　絕（ㄐㄩㄝˊ）勿（ㄨˋ）問（ㄨㄣˋ）

將（ㄐㄧㄤ）入（ㄖㄨˋ）門（ㄇㄣˊ）　問（ㄨㄣˋ）孰（ㄕㄨˊ）存（ㄘㄨㄣˊ）

將（ㄐㄧㄤ）上（ㄕㄤˋ）堂（ㄊㄤˊ）　聲（ㄕㄥ）必（ㄅㄧˋ）揚（ㄧㄤˊ）

注　釋

絕：戒、杜絕。

邪僻事：乖戾不正的事情。

堂：前室、正廳。

　　凡是打架鬧事的場所，絕對不要接近；一些邪惡下流、荒誕不經的事，也不要好奇的去追問（以免污染了善良的心性）。進門之前，應先問：「有人在嗎？」進入客廳之前，聲音要高一些（讓屋內的人知道有人來了）。

原　文

人問誰　對以名

吾與我　不分明

用人物　須明求

倘不問　即為偷

借人物　及時還

人借物　有勿慳

注釋

對：回答。

慳：吝嗇。

當有人問「你是誰」的時候，你應當報出自己的名字，不能只是說「我，我」，使對方不明白。要用別人的東西，必須明確的向物主提出請求；如果你不經過別人的允許就拿，那就是偷竊了。

借來的物品，要及時歸還；別人向你借東西，有就不要吝嗇。

原 文

◎信

凡(ㄈㄢˊ)出(ㄔㄨ)言(ㄧㄢˊ) 　信(ㄒㄧㄣˋ)為(ㄨㄟˊ)先(ㄒㄧㄢ)

詐(ㄓㄚˋ)與(ㄩˇ)妄(ㄨㄤˋ) 　奚(ㄒㄧ)可(ㄎㄜˇ)焉(ㄧㄢ)

話(ㄏㄨㄚˋ)說(ㄕㄨㄛ)多(ㄉㄨㄛ) 　不(ㄅㄨˋ)如(ㄖㄨˊ)少(ㄕㄠˇ)

惟(ㄨㄟˊ)其(ㄑㄧˊ)是(ㄕˋ) 　勿(ㄨˋ)佞(ㄋㄧㄥˋ)巧(ㄑㄧㄠˇ)

注釋

信：言語真實、誠實。
妄：荒誕、無根據。
奚可焉：怎麼可以呢？焉，語氣詞。
佞巧：善於察言觀色，投人所好。

開口說話，誠信為先；欺騙或花言巧語，怎麼可以呢？話多不如話少，言多必失。要實事求是，不可花言巧語。

原 文

刻薄語　穢汙詞
市井氣　切戒之
見未真　勿輕言
知未的　勿輕傳

注釋

市井氣：街頭無賴不好的習氣。
的：確實。

　　尖酸刻薄的語言，下流骯髒的話，以及街頭無賴粗俗的習氣，都要徹底戒除掉。沒有看清楚的事情，不能輕易發表意見；對於自己沒有明確瞭解的事，不要輕易傳播散布。

原　文

事ㄕ 非ㄈㄟ 宜ㄧ　　勿ㄨ 輕ㄑㄧㄥ 諾ㄋㄨㄛ

苟ㄍㄡ 輕ㄑㄧㄥ 諾ㄋㄨㄛ　　進ㄐㄧㄣ 退ㄊㄨㄟ 錯ㄘㄨㄛ

凡ㄈㄢ 道ㄉㄠ 字ㄗ　　重ㄓㄨㄥ 且ㄑㄧㄝ 舒ㄕㄨ

勿ㄨ 急ㄐㄧ 疾ㄐㄧ　　勿ㄨ 模ㄇㄛ 糊ㄏㄨ

注釋

宜：合適、適宜。	道：說話。
諾：許諾。	重：聲音清楚。
苟：假如。	

48

　　不妥當的事，不能輕易允諾別人，假如你不經考慮便允諾別人，會使你進退兩難。講話時要口齒清晰，不要說得太快，更不要含糊不清。

原　文

彼（ㄅㄧˇ）說（ㄕㄨㄛ）長（ㄔㄤˊ）　此（ㄘˇ）說（ㄕㄨㄛ）短（ㄉㄨㄢˇ）

不（ㄅㄨˋ）關（ㄍㄨㄢ）己（ㄐㄧˇ）　莫（ㄇㄛˋ）閒（ㄒㄧㄢˊ）管（ㄍㄨㄢˇ）

見（ㄐㄧㄢˋ）人（ㄖㄣˊ）善（ㄕㄢˋ）　即（ㄐㄧˊ）思（ㄙ）齊（ㄑㄧˊ）

縱（ㄗㄨㄥˋ）去（ㄑㄩˋ）遠（ㄩㄢˇ）　以（ㄧˇ）漸（ㄐㄧㄢˋ）躋（ㄐㄧ）

注　釋

齊：與……看齊。
縱：即使。
躋：上升。

　　遇到有人談論別人的是非好壞時，如果與己無關就不要多管閒事。看見他人的優點或善行，要立刻想到向其學習，即使目前水準相差很多，只要努力去做也會逐漸趕上。

原　文

見_{ㄐㄧㄢ}人_{ㄖㄣ}惡_ㄜ　　即_{ㄐㄧ}內_{ㄋㄟ}省_{ㄒㄧㄥ}

有_{ㄧㄡ}則_{ㄗㄜ}改_{ㄍㄞ}　　無_ㄨ加_{ㄐㄧㄚ}警_{ㄐㄧㄥ}

惟_{ㄨㄟ}德_{ㄉㄜ}學_{ㄒㄩㄝ}　　惟_{ㄨㄟ}才_{ㄘㄞ}藝_ㄧ

不_{ㄅㄨ}如_{ㄖㄨ}人_{ㄖㄣ}　　當_{ㄉㄤ}自_ㄗ礪_{ㄌㄧ}

注　釋

惡：壞、不好。

省：反省。

礪：磨礪，引申為奮發圖強。

52

　　看見別人的缺點或不良的行為，要反躬自省，檢討自己是否也有這些缺失，有則改之，無則加勉。要重視自己的品德、學問和才能技藝的培養，如果感覺到有不如人的地方，應當自我激勵，奮發圖強。

原　文

若衣服　若飲食
不如人　勿生慼
聞過怒　聞譽樂
損友來　益友卻

注釋

若：表示列舉。
慼：憂傷。
過：錯誤。

譽：讚譽。
卻：退卻。

　　穿著、飲食不如他人，不要憂傷、自卑。聽到別人說自己的缺點就生氣，聽到別人稱讚自己就洋洋得意，那麼不好的朋友就會來到你身邊，對你有益的朋友就不敢與你交往。

原　文

聞(ㄨㄣ)譽(ㄩ)恐(ㄎㄨㄥ)　聞(ㄨㄣ)過(ㄍㄨㄛ)欣(ㄒㄧㄣ)

直(ㄓ)諒(ㄌㄧㄤ)士(ㄕ)　漸(ㄐㄧㄢ)相(ㄒㄧㄤ)親(ㄑㄧㄣ)

無(ㄨ)心(ㄒㄧㄣ)非(ㄈㄟ)　名(ㄇㄧㄥ)為(ㄨㄟ)錯(ㄘㄨㄛ)

有(ㄧㄡ)心(ㄒㄧㄣ)非(ㄈㄟ)　名(ㄇㄧㄥ)為(ㄨㄟ)惡(ㄜ)

過(ㄍㄨㄛ)能(ㄋㄥ)改(ㄍㄞ)　歸(ㄍㄨㄟ)於(ㄩ)無(ㄨ)

倘(ㄊㄤ)掩(ㄧㄢ)飾(ㄕ)　增(ㄗㄥ)一(ㄧ)辜(ㄍㄨ)

諒：誠信、信實。
無心：無意間。
非：錯誤。

過：錯誤。
辜：罪。

注　釋

56

　　聽見恭維話會感到不安，聽見別人指責自己過錯便欣然接受，這樣，正直誠信的人就會越來越樂於和你接近。無意之間犯的錯誤稱為過錯，若是有意犯錯那便是罪惡。

　　如果犯了過錯勇於改正，就跟沒有犯過錯誤一樣。如果犯了錯誤而加以掩飾，那就是錯上加錯了。

原　文

◎泛愛眾

凡ㄈㄢ是ㄕ人ㄖㄣ　　皆ㄐㄧㄝ須ㄒㄩ愛ㄞ

天ㄊㄧㄢ同ㄊㄨㄥ覆ㄈㄨ　　地ㄉㄧ同ㄊㄨㄥ載ㄗㄞ

行ㄒㄧㄥ高ㄍㄠ者ㄓㄜ　　名ㄇㄧㄥ自ㄗ高ㄍㄠ

人ㄖㄣ所ㄙㄨㄛ重ㄓㄨㄥ　　非ㄈㄟ貌ㄇㄠ高ㄍㄠ

注　釋

覆：遮蓋。

　　不論是什麼人，我們都要關懷愛護，因為我們共同生活在這天地之間。一個品德高尚的人，名聲自然高遠。人們所重視的是一個人的品德，而不是他的相貌。

原　文

才ㄘㄞˊ大ㄉㄚˋ者ㄓㄜˇ　望ㄨㄤˋ自ㄗˋ大ㄉㄚˋ

人ㄖㄣˊ所ㄙㄨㄛˇ服ㄈㄨˊ　非ㄈㄟ言ㄧㄢˊ大ㄉㄚˋ

己ㄐㄧˇ有ㄧㄡˇ能ㄋㄥˊ　勿ㄨˋ自ㄗˋ私ㄙ

人ㄖㄣˊ所ㄙㄨㄛˇ能ㄋㄥˊ　勿ㄨˋ輕ㄑㄧㄥ訾ㄗˇ

注釋

望：名望、聲望。
訾：詆毀、指責。

　　才學豐富的人，他的聲望自然會高。人們所佩服的是有真才實學的人，並非說大話的人。自己有才能，不可自私自利；別人有才能，不可心生嫉妒，輕易誹謗。

原 文

勿ㄨˋ諂ㄔㄢˇ富ㄈㄨˋ　　勿ㄨˋ驕ㄐㄧㄠ貧ㄆㄧㄣˊ

勿ㄨˋ厭ㄧㄢˋ故ㄍㄨˋ　　勿ㄨˋ喜ㄒㄧˇ新ㄒㄧㄣ

人ㄖㄣˊ不ㄅㄨˋ閒ㄒㄧㄢˊ　　勿ㄨˋ事ㄕˋ攪ㄐㄧㄠˇ

人ㄖㄣˊ不ㄅㄨˋ安ㄢ　　勿ㄨˋ話ㄏㄨㄚˋ擾ㄖㄠˇ

注釋

驕：在別人面前驕傲自大。
故：故舊、老朋友。

　　不要去討好巴結富有的人，也不要在窮人面前驕傲自大。不要厭棄老朋友，不要一味喜愛新朋友。對於正在忙碌的人，不要去打擾他；當別人身心欠安的時候，不要用閒言碎語干擾他。

原　文

人（ㄖㄣˊ）有（ㄧㄡˇ）短（ㄉㄨㄢˇ）　　切（ㄑㄧㄝ）莫（ㄇㄛˋ）揭（ㄐㄧㄝ）

人（ㄖㄣˊ）有（ㄧㄡˇ）私（ㄙ）　　切（ㄑㄧㄝ）莫（ㄇㄛˋ）說（ㄕㄨㄛ）

道（ㄉㄠˋ）人（ㄖㄣˊ）善（ㄕㄢˋ）　　即（ㄐㄧˊ）是（ㄕˋ）善（ㄕㄢˋ）

人（ㄖㄣˊ）知（ㄓ）之（ㄓ）　　愈（ㄩˋ）思（ㄙ）勉（ㄇㄧㄢˇ）

注釋

勉：盡力、努力。

別人有缺點，不要去揭穿；別人的隱私，切忌去宣揚。讚美他人的善行就是行善。當對方聽到你的稱讚之後，必定會更加努力。

原　文

揚人惡　　即是惡

疾之甚　　禍且作

善相勸　　德皆建

過不規　　道兩虧

注釋

且：就、不久。　　規：規勸。

作：產生。　　　　虧：欠缺、短少。

宣揚別人的短處，是一種惡行。如果宣揚得過分，會惹出禍患。朋友之間應該互相勸善，共同建立良好的品德修養。如果有錯不能互相規勸，兩個人的品德都會有損害。

原　文

凡(ㄈㄢ)取(ㄑㄩ)與(ㄩ)　　貴(ㄍㄨㄟ)分(ㄈㄣ)曉(ㄒㄧㄠ)

與(ㄩ)宜(ㄧ)多(ㄉㄨㄛ)　　取(ㄑㄩ)宜(ㄧ)少(ㄕㄠ)

將(ㄐㄧㄤ)加(ㄐㄧㄚ)人(ㄖㄣ)　　先(ㄒㄧㄢ)問(ㄨㄣ)己(ㄐㄧ)

己(ㄐㄧ)不(ㄅㄨ)欲(ㄩ)　　即(ㄐㄧ)速(ㄙㄨ)已(ㄧ)

注釋

取與：取得與給予。

分曉：清楚。

己不欲：自己不喜歡的事情。

已：停止。

　　財物的取得與給予，一定要分辨清楚，給的要多，拿的要少。強加於人的事，先要問自己喜不喜歡，如果連自己都不喜歡，就要立刻停止。

原　文

恩欲報　　怨欲忘

報怨短　　報恩長

待婢僕　　身貴端

雖貴端　　慈而寬

勢服人　　心不然

理服人　　方無言

貴端：以端莊為貴。

然：這樣。

注釋

　　受人恩惠要時時想著報答，對別人的怨恨要儘快忘記；對別人怨恨的時間越短越好，對別人報恩的時間越長越好。對待家中的婢女與僕人，品行端正很重要，若能做到仁慈寬厚，那就更完美了。

　　用勢力壓服人，對方口服心不服；以理服人，對方才會心服口服，無話可說。

原　文

◎親仁

同是人　　　類不齊

流俗眾　　　仁者稀

果仁者　　　人多畏

言不諱　　　色不媚

注釋

流俗：隨波逐流的俗人。

果：果真。

諱：隱瞞、忌諱。

同樣是人，但每個人的本性卻都不同，普通的俗人最多，品德高尚、仁慈寬厚的人卻很少。真正的仁者，大家都會敬畏他，因為他直言不諱，從不阿諛奉承。

《弟子規》

能親仁　　無限好
德日進　　過日少
不親仁　　無限害
小人進　　百事壞

注釋

親仁：親近仁者。
過：錯誤。

能親近仁者，會有無限的好處，自己的品德會日日增進，過失會一天天減少；不親近仁者，會有無限的害處，因為小人會趁虛而入，什麼事都會因此而敗。

原　文

◎餘力學文

不力行　　但學文
長浮華　　成何人
但力行　　不學文
任己見　　昧理真

注釋

力行：勉力從事、努力去做。
但：只是。　　　長：滋長。
任：聽任。　　　昧：蒙蔽。

　　如果不注重實踐，一味死讀書，就會使自己浮華不實，這樣怎能成為一個真正有用的人？反之，如果只是一味的做事，不肯讀書學習，就容易依著自己的偏見行事，而違背事理，這也是不對的。

原　文

讀（ㄉㄨˊ）書（ㄕㄨ）法（ㄈㄚˇ）　有（ㄧㄡˇ）三（ㄙㄢ）到（ㄉㄠˋ）

心（ㄒㄧㄣ）眼（ㄧㄢˇ）口（ㄎㄡˇ）　信（ㄒㄧㄣ）皆（ㄐㄧㄝ）要（ㄧㄠˋ）

方（ㄈㄤ）讀（ㄉㄨˊ）此（ㄘˇ）　勿（ㄨˋ）慕（ㄇㄨˋ）彼（ㄅㄧˇ）

此（ㄘˇ）未（ㄨㄟˋ）終（ㄓㄨㄥ）　彼（ㄅㄧˇ）勿（ㄨˋ）起（ㄑㄧˇ）

注釋

信：確實。

方：正在。

　　讀書的方法有三到，即眼到、口到、心到，三者缺一不可。正在讀這本書，就不要想別的書；這本書沒讀完，就不要去讀別的書。

勤學

原文

寬為限　緊用功
工夫到　滯塞通
心有疑　隨札記
就人問　求確義

注釋

為限：這裡指計畫讀書的期限。
用功：這裡指實施讀書計畫。
滯塞：困頓疑惑之處。

　　在制訂讀書計畫的時候，不妨寬鬆一些，實際執行這個計畫時，就要嚴格執行。日積月累，功夫深了，原先困頓疑惑之處會自然而然迎刃而解。心中有疑問，應隨時用筆記下，一有機會立即向別人請教，以求瞭解其確切的意義。

原　文

房（ㄈㄤ）室（ㄕ）清（ㄑㄧㄥ）　牆（ㄑㄧㄤ）壁（ㄅㄧ）淨（ㄐㄧㄥ）

几（ㄐㄧ）案（ㄢ）潔（ㄐㄧㄝ）　筆（ㄅㄧ）硯（ㄧㄢ）正（ㄓㄥ）

墨（ㄇㄛ）磨（ㄇㄛ）偏（ㄆㄧㄢ）　心（ㄒㄧㄣ）不（ㄅㄨ）端（ㄉㄨㄢ）

字（ㄗ）不（ㄅㄨ）敬（ㄐㄧㄥ）　心（ㄒㄧㄣ）先（ㄒㄧㄢ）病（ㄅㄧㄥ）

注釋

清：清潔。

病：心神散亂，浮躁不安。

　　書房要清潔，牆壁要乾淨，書桌上筆墨紙硯等文具要放置整齊。墨條磨偏了，是因為態度不端正；寫出來的字歪歪斜斜，是因為心神散亂，浮躁不安。

原　文

列（ㄌㄧㄝ）典（ㄉㄧㄢ）籍（ㄐㄧ）　　有（ㄧㄡ）定（ㄉㄧㄥ）處（ㄔㄨ）

讀（ㄉㄨ）看（ㄎㄢ）畢（ㄅㄧ）　　還（ㄏㄨㄢ）原（ㄩㄢ）處（ㄔㄨ）

雖（ㄙㄨㄟ）有（ㄧㄡ）急（ㄐㄧ）　　卷（ㄐㄩㄢ）束（ㄕㄨ）齊（ㄑㄧ）

有（ㄧㄡ）缺（ㄑㄩㄝ）壞（ㄏㄨㄞ）　　就（ㄐㄧㄡ）補（ㄅㄨ）之（ㄓ）

注釋

列：擺放。

擺放書籍要有固定的地方，讀完要放回原處。就是有急事，也要把書整理好。書有破損的地方，應及時修補好。

《弟子規》

原　文

非ㄈㄟ 聖ㄕㄥ 書ㄕㄨ　　屏ㄅㄧㄥ 勿ㄨˋ 視ㄕˋ

蔽ㄅㄧˋ 聰ㄘㄨㄥ 明ㄇㄧㄥ　壞ㄏㄨㄞˋ 心ㄒㄧㄣ 志ㄓˋ

勿ㄨˋ 自ㄗˋ 暴ㄅㄠˋ　　勿ㄨˋ 自ㄗˋ 棄ㄑㄧˋ

聖ㄕㄥ 與ㄩˇ 賢ㄒㄧㄢ　可ㄎㄜˇ 馴ㄒㄩㄣ 致ㄓˋ

注　釋

屏：摒棄、撇開。

蔽：蒙蔽。

馴：漸進。

86

　　非聖賢之書應避而不看，因為邪僻的書會蒙蔽人的聰慧，敗壞人的意志。不要自暴自棄，聖賢的境界雖高，但只要按部就班，循序漸進，人人都可達到。

弟子規/風車編輯製作. --初版. --台北縣
汐止市：風車圖書，2010.06
面；　公分. --(國學小書)
幼兒啟蒙國學版
ISBN 978-986-223-108-1(平裝)
1.弟子規　2.蒙求書　3.漢語　4.讀本
802.81　　　　　　　　　99004503

國學小書坊

弟子規

社長｜許丁龍　　　編輯｜風車編輯製作　　　出版｜風車圖書出版有限公司

代理｜三暉圖書發行有限公司　　　地址｜221 台北縣汐止市福德一路328巷2號

電話｜02-2695-9502　　　傳真｜02-2695-9510　　　統編｜89595047　　　網址｜www.windmill.com.tw

劃撥帳號｜14957898　　　戶名｜三暉圖書發行有限公司　　　初版｜2010年06月